しゃべらなくても楽しい！
椅子に座ってできる

シニア

筋トレ体操55

斎藤道雄 著

黎明書房

はじめに

シニアが動きたくなる体操の本

この本は，シニア（とくに要介護シニア）が，思わず体を動かしたくなる
体操の本です。

もう少し詳しく説明します。
①　この本は，デイサービスや特別養護老人ホームなどの介護施設で，
②　新型コロナによる外出自粛や三密（密閉，密集，密接）を避ける必要
　　から，
③　シニアと支援者がいっしょに楽しく体を動かして，
④　運動不足解消とストレス発散をするための体操の本です。

「半分以上の人は居眠りをしています」

ある介護現場のスタッフの話です。

「体操しましょう」
スタッフがいくら言っても，ほとんどの人は体操をしないそうです。

それもそのはず。
年を取れば，体を動かすのがおっくうになります。
気力も，体力も低下します。
「体を動かすのは面倒くさい」
と思うシニアもいます。

では，どうしたらシニアによろこんで体操してもらえるか？

ボクのこたえは，「動きたい」と思わせる。

「体操の時間だから体操をする」

のがあたりまえと思ったら，大間違いです。
「集まった人を動きたい気分にする」
と，考えを変換しましょう。

では，どうすればいいか？

たとえば，ハイタッチ。

片手を出して，タッチするだけです。
自分が手を出せば，相手も手を出します。
これだけで，体が動き出します。

目の前にいる人に，手を差し出されると，つい手が出ちゃいます。

成功の秘訣は，アイコンタクト。
相手の目を見ると，意思の疎通がはかれます。

ちなみに，実際に手と手が触れなくても，大丈夫。
ハイタッチのまねだけでオッケーです。
アイコンタクトがあれば，目と目で通じ合う。
ふれあっている気分になります。

ハイタッチ以外の体操も同じです。

シニアのそばで。
向かい合わせで。
相手の目を見て。

体操はメンタルが９割です。
シニアに体を動かしてほしい。
そう思うなら。
シニアの気持ちを動かしてください。

＊本書は，先に刊行した『椅子に座ってできるシニアの１，２分間筋トレ体操55』の
　新型コロナ対応改訂版です。

この本の10の特長

1　力がつく
　　楽しく力をつける（筋力低下を予防する）体操がメインです。

2　椅子に座ったままでできる
　　すべての体操は椅子に腰かけたままでできます。

3　準備なしでできる
　　道具，準備一切不要です。

4　しゃべらないでできる
　　声を出さずに，身振り手振りだけで説明します。感染予防にも有効です。

5　楽しくできる
　　シニアが楽しくて，思わず体を動かしたくなる体操です。

6　かんたんにできる
　　腕を曲げ伸ばししたり，足ぶみしたりするような，シニアにもかんたん
　にできる動作です。

7　レクや体操に役立つ
　　デイサービスや介護施設のレクや体操に超おススメです！

8　要介護シニアにもできる
　　自立から要介護レベルのシニアまで，かんたんに楽しんでできます。

9　ひとりからでもできる
　　シニアおひとりさまでも活用できます。

10　説明が簡潔
　　体操の説明が3行で完結します。むずかしい言葉は一切使わず，シン
　プルでわかりやすい言葉だけを使用しています。

この本の使い方

①　はじめにおススメの体操をしましょう！

↓

②　ほかの体操にもトライしましょう！

↓

③　お気に入りの体操があれば，おススメの体操と入れ替えましょう！

朝の おススメ体操	❹　ウエーブ ↓ 12 ページ	
昼の おススメ体操	❾　山のポーズ ↓ 17 ページ	
夜の おススメ体操	⓳　やわらか肩甲骨 ↓ 27 ページ	

もくじ

Ⅰ　上半身の力をつける体操

Ⅱ　下半身の力をつける体操

① OK サイン

全部の指をいっぱいにひらいて，人差し指と親指で輪をつくる体操です！

| ねらい
とききめ | 指の力をつける | 指のストレッチ |

楽しみかた

① 片手を前に出して，全部の指をいっぱいにひらきます。

② ほかの指は伸ばしたまま，親指と人差し指で輪をつくります。

③ 手を替えて同様にします。（左右交互に４回ずつ）

みちお先生のケアポイント

・腕を前に伸ばしたり，上に伸ばしてすると，さらに運動効果がアップします！

② 大口体操

胸を張って，背筋を伸ばして，口を大きくあける体操です！

ねらい
とききめ （ 姿勢保持力アップ ）（ 口腔機能維持 ）
こうくう

楽しみかた

① 　胸を張って，足を肩幅にひらきます。
② 　顔を上げて，できる限り大きく口をひらきます。
③ 　一休みして，4回繰り返します。

みちお先生のケアポイント

・声は出さずに，口をあけるだけでオッケーです。

③ ものまねレシーブ

バレーボールのレシーブをするように両腕を前に伸ばす体操です！

ねらい
とききめ （ 手や指の力をつける ） （ 手指のストレッチ ）

楽しみかた

① 足を肩幅にひらいて，両腕を前に伸ばします。

② バレーボールのレシーブをするように，両手を組みます。

③ 一休みして，4回繰り返します。

みちお先生のケアポイント

・ボールがあるつもりで，ふたりでレシーブを繰り返すとおもしろいです！

11

④ ウエーブ

両腕を上にあげて，波のように左右に動かす体操です！

ねらい
とききめ バランス力を維持する 体側のストレッチ

楽しみかた

① 両腕を上に伸ばして，両手を右に動かします。
② そこから，両手を反対（左）に動かします。
③ 一休みして，４回繰り返します。

みちお先生のケアポイント

・大波をイメージして，両腕を，ゆっくりと大きく動かしましょう！

⑤ 祈りのポーズ

胸の前で指を組んだり組み替える体操です！

ねらい
とききめ　　(指の力をつける)　(手先の器用さ維持)

楽しみかた

① 胸の前で手と手を合わせて指を組みます。

② （①のときに）上だった指が下になるように，指を組み替えます。

③ 上下を替えて４回ずつします。

みちお先生のケアポイント

・お祈りをするときのように，目を閉じて指の感覚に意識を集中すると最高です！

⑥ 笑顔体操

口を横にひらいてニッコリ笑う体操です！

ねらい
とききめ （口腔機能維持） （顔の体操）

楽しみかた

① 胸を張って，ニッコリ笑います。
② 口を横にひらいて，ニッコリ笑います。
③ 口を大きくあけて，大爆笑します。（①②③声は出さずに）

みちお先生のケアポイント

・人差し指をほっぺにつけたり，おなかをかかえたり，手を使ってアクションをすると楽しくなります！

⑦ もちつき

力いっぱいもちつきのマネをする体操です！

| ねらい
とききめ | 腕力アップ |

楽しみかた

① 椅子に浅く腰かけて，片足を前に出します。

② 両手を軽く握って，（頭の上から杵(きね)を振り下ろすように）もちつきのマネをします。

③ 一休みして，4回繰り返します。

みちお先生のケアポイント

・支援者は，もちを返すマネをして盛り上げてください！

⑧ おやこ伸ばし

親指と小指を交互に伸ばす体操です!

ねらい
とききめ　(指の力をつける)　(手先の器用さ維持)

楽しみかた

① 胸の前で両手を軽く握ります。
② できるかぎりまっすぐに（両手の）親指を伸ばします。
③ 元に戻します。同様に小指を伸ばします。4回繰り返します。

みちお先生のケアポイント

・はじめはゆっくりと，慣れてきたら徐々に速く動作しましょう!

❾ 山のポーズ

背筋を伸ばして，頭の上で両手を合わせる体操です！

ねらい
とききめ　〔 姿勢保持力アップ 〕〔 体側のストレッチ 〕

楽しみかた

① 　ひじを伸ばして，頭の上で両手を合わせます。

② 　顔を上げて，背筋をまっすぐにピンと伸ばします。

③ 　一休みして，4回繰り返します。

みちお先生のケアポイント

・あまり無理をせずに，自分のできる範囲でしましょう！

⑩ 薬指のおじぎ

全部の指をひらいて薬指を曲げ伸ばしする体操です！

| ねらい
とききめ | 指の力をつける | 手先の器用さ維持 |

楽しみかた

① 片手を前に出して，全部の指をいっぱいにひらきます。

② （ほかの指は伸ばしたまま）薬指を曲げます。

③ 元に戻します。手を替えて同様にします。（左右交互に４回ずつ）

みちお先生のケアポイント

・うまくできなくても大丈夫です。自分にできる範囲でオッケーです！

⑪ 肩落とし

肩を上げて，ストンと落とす体操です！

| ねらい
とききめ | 姿勢保持力アップ | リラックス |

楽しみかた

①　両腕を下に伸ばして，肩と腕の力を抜きます。

②　ぎゅーっと，力強く肩を上げます。

③　ストンと，一気に落とします。４回繰り返します。

みちお先生のケアポイント

・②のときに，両手を強く握ると，手に連動して肩に力が入ります。

⑫ ぞうきんしぼり

両手を軽く握って，ぞうきんをしぼる動作をする体操です！

| ねらい
と ききめ
〔 指の力をつける 〕 〔 手首の柔軟性維持 〕

楽しみかた

① 両腕を前に伸ばして，ぞうきんをしぼる動作をします。

② 元に戻して，反対にしぼる動作をします。

③ 一休みして，交互に４回ずつします。

みちお先生のケアポイント

・あまり力みすぎないように。手を軽く握るとリラックスしてできます！

⑬ じびきあみ

両手でじびきあみを引っ張る動作をする体操です！

ねらい
とききめ　（ 腕の力をつける ）（ 足腰を強くする ）

楽しみかた

① 　浅く腰かけて，片足を一歩前に出します。

② 　足裏全体をつけて，両足でしっかりとふんばります。

③ 　両腕を前に伸ばして，じびきあみを引く動作をします。一休みして，4
回繰り返します。

みちお先生のケアポイント

・椅子からの転倒に注意。しっかりと両足を踏ん張ってしましょう！

⑭ 握ってひらいて

片方の手を握ったら，反対の手はひらく体操です！

┃ ねらい
┃ と ききめ   （ 指の力をつける ）（ 手先の器用さ維持 ）

楽しみかた

① 両腕を前に伸ばします。
② 右手をグー，左手をパーにします。
③ 右手をパー，左手をグーにします。4回繰り返します。

みちお先生のケアポイント

・パーは指を全開にして，グーは力強く握りましょう！

⑮ にょろにょろ

両手を合わせて指を曲げたり反らせたりする体操です！

ねらい
とききめ （指の力をつける） （手首を柔らかくする）

楽しみかた

① 両手を胸の前で合わせます。

② 両手の指を横に曲げます。

③ 元に戻して反対に曲げます。４回繰り返します。

みちお先生のケアポイント

・腕や肩の力を抜いて，リラックスしてしましょう！

⓰ もしもし指伸ばし

できるかぎり親指と小指を伸ばす体操です！

ねらい
とききめ　（ 指の力をつける ）

楽しみかた

① 　片手を軽く握って，親指と小指を伸ばします。
② 　その手を耳元に，電話で話すポーズをします。
③ 　手を替えて同様にします。（左右交互に４回ずつ）

みちお先生のケアポイント

・支援者はシニアと向かい合わせで，ニッコリ笑って，どうぞ！

⑰ モリモリ！

胸を張って元気にモリモリポーズをする体操です！

| ねらい
とききめ | 姿勢保持力アップ | 胸のストレッチ |

楽しみかた

① 　胸を張って両腕を上に伸ばします。

② 　両手を軽く握って，モリモリポーズをします。

③ 　４回繰り返します。いい顔でどうぞ！

みちお先生のケアポイント

・ボクは，あいさつがわりにモリモリポーズをします。するとシニアも，
　元気にモリモリポーズでお返しをしてくれます。

⑱ ヤッホー

声を出さずに「ヤッホー」のポーズをする体操です！

ねらい
とききめ 　〔 姿勢保持力アップ 〕〔 口腔機能維持 〕

楽しみかた

①　足を肩幅にひらいて，胸を張ります。
②　両手を口元に置いて，声を出さずに「ヤッホー」と口を動かします。
③　一休みして，4回繰り返します。

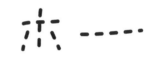

みちお先生のケアポイント

・「ヤッ」は丸く大きく，「ホー」は縦に口をあけましょう！

⑲ やわらか肩甲骨

ひじを後ろに引いて，肩甲骨を寄せる体操です！

ねらい
とききめ　⟮ 姿勢保持力アップ ⟯ ⟮ リラックス ⟯

楽しみかた

① 足を肩幅にひらいて，胸を張ります。

② ひじを後ろに引いて，肩甲骨を寄せます。

③ 一休みして，4回繰り返します。

みちお先生のケアポイント

・あまり力まないように。肩の力を抜いてしましょう！

⑳ わかめ体操

腕と肩の力を抜いて，上体を左右に揺らす体操です！

┃ ねらい
┃ とききめ 　〔 姿勢保持力アップ 〕〔 バランス力維持 〕

楽しみかた

① 　足を肩幅にひらいて，両腕を下に伸ばして，腕と肩の力を抜きます。

② 　ゆっくりとていねいに上体を横に傾けます。

③ 　元に戻して，反対側も同様にします。4回繰り返します。

みちお先生のケアポイント

・バランスを崩さないように，注意してしましょう！

㉑　超おじぎ

背筋を伸ばして，胸を張って，おじぎをする体操です！

ねらい
とききめ 〔 姿勢保持力アップ 〕〔 胸のストレッチ 〕

楽しみかた

① 　足を閉じて，両手をひざに置きます。
② 　背筋をまっすぐにピンと伸ばして，胸を張って，おじぎをします。
③ 　一休みして，４回繰り返します。

みちお先生のケアポイント

・おじぎしたときに，背中が丸まらないように意識しましょう！

㉒ 雪かき

両足をしっかりと床につけて，雪かきの動作をする体操です！

| ねらい
と ききめ | 足腰と腕の力をつける |

楽しみかた

① 片足を1歩前に出して，両足でしっかりと踏ん張ります。

② 両手を軽く握って，雪かきの動作をします。

③ 手と足を替えて，反対側の動作もします。（左右交互に2回ずつ）

みちお先生のケアポイント

・椅子に浅く腰かけてすると，体が動かしやすくなります！

30

㉓ 胸張って横向いて

両手を腰に置いて，胸を張って，横を向く体操です！

ねらい
とききめ　〔 足腰と腕の力をつける 〕〔 体側のストレッチ 〕

楽しみかた

① 足を肩幅にひらいて，両手を腰に置きます。

② 胸を張って，顔を横に向けます。

③ 元に戻して，反対側も同様にします。（左右交互に2回ずつ）

みちお先生のケアポイント

・②のときに，あごを真横に向けるつもりでしましょう！

㉔ つっぱっ手

すもうのつっぱりのように，両手を前に押し出す体操です！

ねらい
とききめ　(腕の力をつける)(腕のストレッチ)

楽しみかた

① 　足を肩幅にひらいて，両手を胸の前で構えます。

② 　すもうのつっぱりをするように，両手を前に押し出します。

③ 　一休みして，4回繰り返します。

みちお先生のケアポイント

・両手同時にするのがむずかしいときは，片方の手で左右交互にしてもオッケーです！

㉕　曲げてグー伸ばしてパー

胸の前と頭の上でグーパーする体操です！

┃ねらい
　ときぎめ　　（肩の柔軟性維持）（握力維持）

楽しみかた

①足を肩幅にひらいて，胸の前で両手をグーにします。
②両腕を上に伸ばして，両手をパーにします。
③一休みして，4回繰り返します。

グー　　　　　パー

みちお先生のケアポイント

・②のときに，なるべく全部の指をいっぱいにひらきましょう！

㉖ 両手組んで胸張って

両手を後ろで組んで，胸を張る体操です！

ねらい
とききめ 　姿勢保持力アップ　　胸のストレッチ

楽しみかた

① 足を肩幅にひらいて，両手を後ろで組みます。

② 胸を前に突き出すようなつもりで，胸を張ります。

③ 一休みして，4回繰り返します。

みちお先生のケアポイント

・顔を上げて，ニッコリ笑って，どうぞ！

㉗ 両手広げて

両手をいっぱいに広げて，胸を張る体操です！

ねらい
とききめ
　(姿勢保持力アップ)　(胸のストレッチ)

楽しみかた

①　両腕を横に伸ばして，手のひらを上にします。

②　胸を前に突き出すようなつもりで，胸を張ります。

③　一休みして，４回繰り返します。

みちお先生のケアポイント

・余裕があれば，①のときに，全部の指をいっぱいにひらきましょう！

㉘ うえしたそと

手のひらを上，下，外に動かす体操です！

**■ ねらい
とききめ**　(腕の力をつける)　(肩の柔軟性維持)

楽しみかた

① 足を肩幅にひらいて，両腕を前に伸ばします。

② 手のひらを上，下，外（親指が下）の順に動かします。

③ 一休みして，４回繰り返します。

みちお先生のケアポイント

・全部の指をいっぱいにひらいてすると，運動効果がアップします！

㉙ 空手チョップ

空手チョップをするように，手を上から下へ振り下ろす体操です！

▎ねらい
　ときめき　　(腕の力をつける)　(肩の柔軟性維持)

楽しみかた

① 片足を1歩前に出して，両足をしっかりと踏ん張ります。

② 片手を頭の上から振り下ろして，おへその前で止めます。

③ 手と足を替えて同様にします。（左右交互に4回ずつ）

みちお先生のケアポイント

・振り下ろした手を，おへその前でピタリと止められたら，最高です！

㉚ 堂々たるポーズ

両手を握って，おもいきって胸を張る体操です！

ねらい
とききめ ⟨ 姿勢保持力アップ ⟩ ⟨ 胸のストレッチ ⟩

楽しみかた

① 両腕を下に伸ばして，両手を軽く握ります。

② 胸を前に突き出すようにして，胸を張ります。

③ 一休みして，4回繰り返します。

みちお先生のケアポイント

・自分の中で，最もいい顔をして，どうぞ！

㉛ ハイな拍手

頭の上の高いところで, パチパチと手をたたく体操です！

ねらい
ときめき 　(姿勢保持力アップ)　(腕のストレッチ)

楽しみかた

①　足を肩幅にひらいて, 背筋を伸ばします。

②　頭の上（なるべく高いところ）で, 拍手をします。

③　一休みして, 4回繰り返します。

パチ
パチ
パチ
パチ

みちお先生のケアポイント

・むずかしいときは, おでこや, 顔の前で拍手してもオッケーです。

㉜ 手首反らし

片方の腕を前に伸ばして，手首を反らす体操です！

ねらい
ときき　　指の力をつける　　腕のストレッチ

楽しみかた

① 片腕を前に伸ばして，手のひらを上にします。

② 手のひらを前に見せるように，指を下向きにします。

③ 手を替えて同様にします。（左右交互に４回ずつ）

みちお先生のケアポイント

・全部の指をいっぱいにひらいてすると，最高です！

33 上から下から

両手を合わせて，上と下に押し合う体操です！

ねらいとききめ　腕の力をつける

楽しみかた

① 手が上と下になるようにして，両手を合わせます。
② 胸を張って，両手を押し合います。
③ 上下の手を替えて同様にします。（交互に４回ずつ）

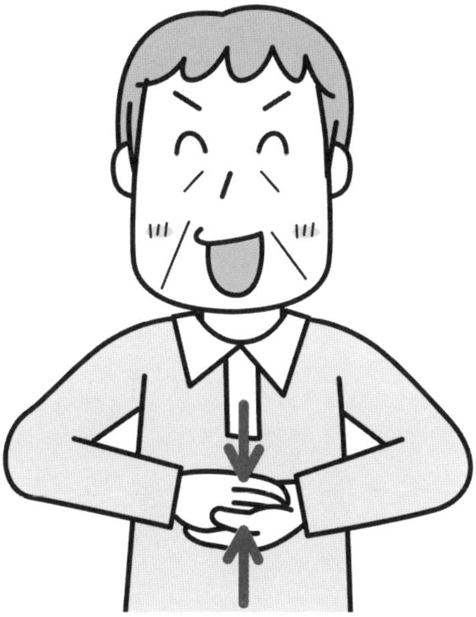

みちお先生のケアポイント

・息をはきながらすると，よりパワーアップします！

㉞ へそヂカラ①

背筋を伸ばして，おへそに力を入れる体操です！

ねらい
とききめ

〈姿勢保持力アップ〉 〈腹筋を鍛える〉

楽しみかた

① 　足を肩幅にひらいて，背筋を伸ばします。

② 　おへそにグッと力を入れます。

③ 　一休みして，4回繰り返します。

ぐっ

みちお先生のケアポイント

・息をはきながらすると，より姿勢を意識できます。

㉟　へそヂカラ②

手とおへそを押し合う体操です！

ねらい
とききめ

（　姿勢保持力アップ　）（　腹筋を鍛える　）

楽しみかた

① 　おなかを伸ばして，両手をおへそに置きます。

② 　手でおへそを押しながら，おへそは手を押し返します。

③ 　一休みして，４回繰り返します。

みちお先生のケアポイント

・あまり力みすぎないように。リラックスして，どうぞ！

㊱ 大腕振って！

胸を張って，大きく腕を前後に振る体操です！

｜ねらい とききめ　(姿勢保持力アップ)　(肩の柔軟性維持)

楽しみかた

① 足を閉じて，胸を張ります。

② 手を軽く握って，腕を前後に大きく振ります。（8回）

③ 一休みして，4回繰り返します。

みちお先生のケアポイント

・ひじを大きく動かすように意識しましょう！

コラム①

グーパー体操でドッキリ!?

グーパー体操。
やったことありますか？

ただグーパーするだけでしょ。
なんだか単純でつまらなそう。

そう思ったら，大間違いです。

グーパー体操はやり方次第で，超楽しくなります。

たとえば。

グーをしながら，誰かひとりのシニアの目をじーっと見ます。
ボクの視線を感じたシニアは？
ドキッとします。

そのあとで，パーをしながら，ニッコリ笑います。
するとシニアもほっとして，笑顔になります。

コツは，グーでマジメな顔。パーでいきなり笑顔。
マジメ顔と笑顔のギャップが大きければ大きいほど効果的です。

ドキドキしたり。
笑ったり。
ビックリしたり。

ボクは，そんなシニアの反応を見ながら，楽しんで体操しています。

㊲ 拍手で足ぶみ

手をたたきながら足ぶみをする体操です！

| ねらい と ききめ | 歩く力をつける | 手先の器用さ維持 |

楽しみかた

① 胸を張って，足ぶみを8歩します。

② 胸の前で，手をたたきます。

③ ①と②を同時にします。4回繰り返します。

みちお先生のケアポイント

・ニッコリ笑ってリズム良くしましょう！

㊳ ペンギン歩き

足をひらいて小刻みに足ぶみする体操です！

ねらい
とききめ　　（歩く力をつける）

楽しみかた

① 　足をひらいて，両手をひざに置きます。
② 　胸を張って，小さく（小刻みに）足ぶみをします。
③ 　8歩して一休みします。4回繰り返します。

みちお先生のケアポイント

・ペンギンになったつもりで，どうぞ！

㊴ 閉じたら押して

足を閉じてひざ同士を押し合う体操です！

ねらい
とききめ　　(足腰を強くする)

楽しみかた

① 両手を太ももの間にはさんで，足を閉じます。
② ひざとひざで押し合います。
③ 一休みして，４回繰り返します。

みちお先生のケアポイント

・むずかしいときは，手をはさまないでしてもオッケーです！

㊶ 足首伸ばし

片足を前に伸ばして，足首を伸ばす体操です！

**ねらい
とききめ** 〔 歩く力をつける 〕〔 足首の柔軟性維持 〕

楽しみかた

① 　椅子に浅く腰かけます。

② 　片足を前に伸ばして，足首を伸ばします。

③ 　足を替えて同様にします。（左右交互に４回ずつ）

みちお先生のケアポイント

・バランスを崩さないように。ゆっくりとていねいに動作しましょう！

㊶ 押し出し体操

かかとを遠くへ押し出す体操です!

ねらい
とききめ 〔 歩く力をつける 〕〔 ふくらはぎのストレッチ 〕

楽しみかた

① 椅子に浅く腰かけて,両手で椅子を押さえます。
② 片足を前に伸ばして,かかとを遠くへ押し出します。
③ 足を替えて同様にします。(左右交互に4回ずつ)

みちお先生のケアポイント

・椅子からの転倒に注意。ゆっくりとていねいに動作しましょう!

㊷ どーんと構えて

足をひらいてしっかりと踏ん張る体操です！

┃ねらい
　とききめ　　◯足腰を強くする　◯胸のストレッチ

楽しみかた

① 　足を肩幅にひらいて，背中を少し丸めます。

② 　全身の力でしっかりと踏ん張りましょう！

③ 　一休みして，4回繰り返します。

みちお先生のケアポイント

・足裏全体を床に押しつけるようにしましょう！

㊸ ひらいてパン！

手と足を同時にひらいたり閉じたりする体操です！

| ねらい
ときき め | 足腰を強くする | 手先の器用さ維持 |

楽しみかた

① 足を肩幅に両手を左右に（同時に）ひらきます。

② 足と手を（たたく）同時に閉じます。

③ 一休みして，4回繰り返します。

みちお先生のケアポイント

・むずかしいときは，手だけでしてもオッケーです！

㊹ ひざかかえ

片足を持ち上げて両手でひざをかかえる体操です！

▌ねらい
　ときぎめ　　（ 足腰を強くする ）（ 腰のストレッチ ）

楽しみかた

① 椅子に浅く腰かけます。
② 片足を持ち上げて，両手でひざをかかえます。
③ 足を替えて，同様にします。

みちお先生のケアポイント

・むずかしいときは，ひざ裏をかかえてもオッケーです。

㊺ スキップ

手を前後に振って，２歩ずつ足ぶみをする体操です！

ねらい
とききめ　（歩く力をつける）（リズム体感）

楽しみかた

① 手を前後に振って，片足でトントンと２歩足ぶみします。

② 反対の足も同様にします。

③ 一休みして，４回繰り返します。

みちお先生のケアポイント

・手をタンタンとたたきながらすると，もっと楽しくできます！

㊻ 手と足の押し合い

両手をひざに置いてかかとを上げて押し合いっこする体操です！

| ねらい
とききめ | 足腰を強くする | 腕の力をつける |

楽しみかた

① 　足を肩幅にひらいて，両手をひざに置きます。

② 　かかとを上げて，手でひざを下に押し返します。

③ 　一休みして，４回繰り返します。

みちお先生のケアポイント

・むずかしいときは，片足ずつしてもオッケーです！

㊼ ヒップウォーク

椅子に腰かけたままで，おしりを上げ下げする体操です！

ねらい
とききめ （足腰を強くする）（股関節の柔軟性維持）

楽しみかた

① 足を肩幅にひらいて，両手をひざに置きます。
② おしりの左半分を上げておろします。
③ 反対側も同様にします。左右交互に４回ずつします。

みちお先生のケアポイント

・なるべく顔を（左右に）動かさないようにすると最高です！

㊽ 大足ぶみ

腕を前後に振りながら力強く足ぶみする体操です！

| ねらい
とききめ | 歩く力をつける | 足裏刺激 |

楽しみかた

① 胸を張って，腕を（左右交互に）前後に振ります。

② 力強く足ぶみを８歩します。

③ これ（①②）を同時にします。一休みして，４回繰り返します。

みちお先生のケアポイント

・ニッコリ笑ってすると最高です！

㊾ 体でグーパー

両手と両足を閉じたりひらいたりする体操です！

| ねらい
とききめ | 姿勢保持力アップ | 胸のストレッチ |

楽しみかた

① 足を閉じて，胸の前で両手をグーにします。

② 足を肩幅にひらいて，両腕を上に伸ばして，全部の指をひらきます。

③ 一休みして，4回繰り返します。

みちお先生のケアポイント

・①で体を小さく丸めて，②で胸を張ると，最高です！

㊿ 一本足体操

片足を上げてバランスをとる体操です！

ねらい
とききめ 〔 姿勢保持力アップ 〕〔 バランス力を維持する 〕

楽しみかた

① 両手は体の横で，手のひらを下にします。
② しずかに片足を上げます。
③ 元に戻して，反対の足も同様にします。（左右交互に４回ずつ）

みちお先生のケアポイント

・椅子からの転倒に注意。急がずに，ゆっくりとていねいに動作しましょう！

(51) ひざ倒し

ひざを閉じて左右に動かす体操です！

ねらい
とききめ　足腰を鍛える　腰のストレッチ

楽しみかた

① ひざを閉じて，手をひざに置きます。
② ひざを横に動かして元に戻します。
③ 同様に反対側もします。（左右交互に４回ずつ）

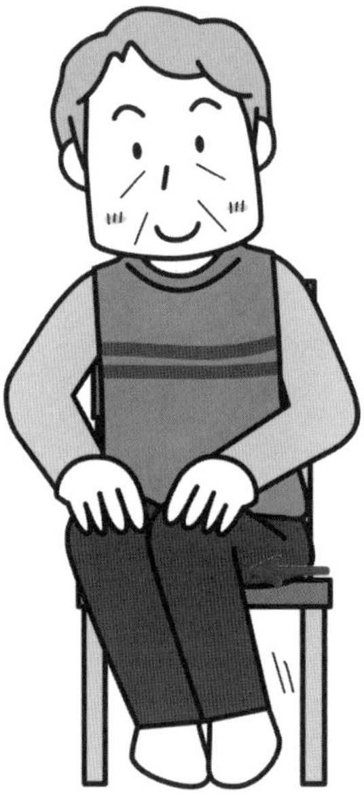

みちお先生のケアポイント

・つまさきも閉じてすると動作が楽です！

(52) 坂道歩き

坂道をのぼるように足ぶみする体操です！

ねらい
とききめ　歩く力をつける

楽しみかた

① 坂道をのぼるつもりで，足ぶみを８歩します。
② 坂道をくだるつもりで，足ぶみを８歩します。
③ 一休みして，４回繰り返します。

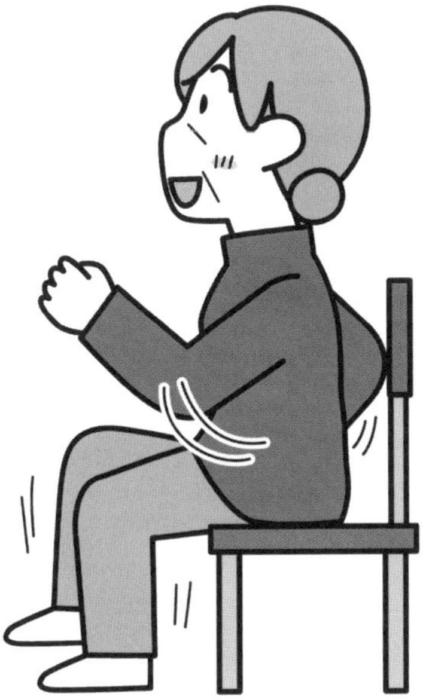

みちお先生のケアポイント

・足の裏全体で，押し付けるように一歩一歩しっかりと足を動かしましょう！

㊾ 床ドン！

すもうの四股(しこ)をふむように，上げた足をドンと強く下ろす体操です！

**ねらい
とききめ**　〈足腰を強くする〉〈足裏刺激〉

楽しみかた

① 足を肩幅にひらいて，両手をひざに置きます。

② すもうの四股をふむように，片足を上げてドンと強く下ろします。

③ 足を替えて同様にします。（左右交互に４回ずつ）

みちお先生のケアポイント

・バランスを崩さないように。ゆっくりとていねいに動作しましょう！

(54) 足拍手

つまさきを閉じたりひらいたりする体操です！

ねらいとききめ　歩く力をつける

楽しみかた

① 両足を閉じて，手をひざに置きます。
② つまさきを（左右に）ひらいて，パチンと閉じます。
③ 一休みして，４回繰り返します。

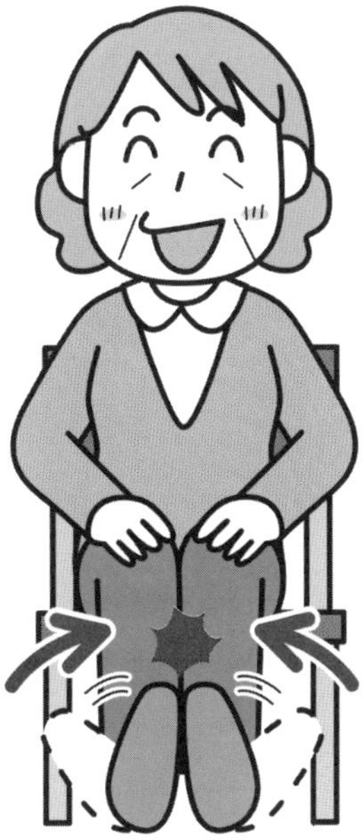

みちお先生のケアポイント

・かかとは床につけたままでオッケーです！

(55) 足組んで

背筋を伸ばして足組みする体操です！

ねらい
ときぎめ

歩く力をつける　体側のストレッチ

楽しみかた

① 両足を閉じて，背筋をまっすぐに伸ばします。
② 足を組んで，胸を張ります。
③ 元に戻して，反対側も同様にします。（左右交互に４回ずつ）

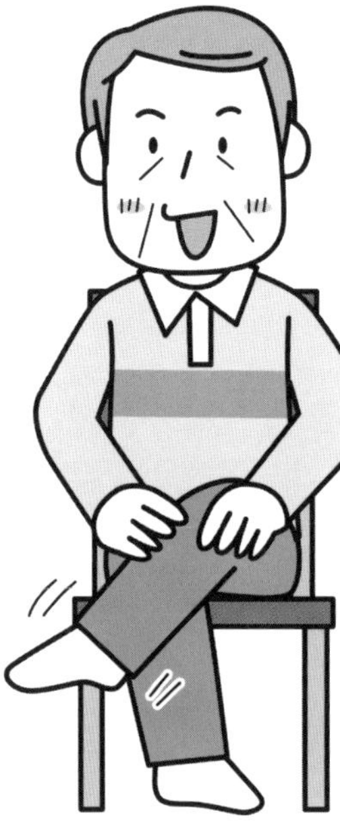

みちお先生のケアポイント

・顔を上げて，ニッコリ笑ってしましょう！

コラム②

シニアにむずかしいことをしてもいいんですか？

「むずかしいことをしてもいいんですか？」

そう質問されることがあります。
むずかしいことをして，できない人がいたらいけない。
そう考えているようです。

ボクは，むずかしいことをします。
割合で言うと。かんたん７割，むずかしい３割。

できるできないは関係ありません。
むずかしいことを楽しんでできるような雰囲気づくりをします。

こんなエピソードがあります。脳トレをしていたときのこと。
ある女性シニアが，突然，こう言いました。

「あんまりいじめないでよ〜」

その人にとっては，むずかしい脳トレだったのです。
で，ボクはどうしたか？

両手を合わせて，ごめんなさいのポーズ（声を出さないので）。
（爆笑）
ダメ押しに，両手を床について土下座。（大爆笑）

その女性シニアはどうしたか？　ニコニコ笑ってました。

間違えても，失敗しても大丈夫です。笑って，楽しんですれば。
それでいいんです！

おわりに

体操がつまらなくなるワケと楽しくするコツ

「その体操にはどんな意味があるんですか？」

と，質問をする人がいます。

どの体操にも，ねらいやききめがあります。
もちろん，この本の体操も同じです。

でも。

そこにこだわりすぎるのもどうか，と思います。

「この体操は〇〇に効くからいい」
「あの体操は△△に効くからいい」

ずっとそんなことばっかり考えていたら，体操がつまらなくなりそうです。
いくら体に良くても，つまらないことは長続きしません。
長続きすることを前提に考えたほうが得策です。

要介護シニアを対象に体操するならば，とくにそうです。

体操の意味に過度にとらわれすぎないように。
意味の病にならないようにしたいものです。

もっと単純に。

体を動かしたら，スッキリした。
体を動かしたら，元気が出た。

体を動かしたら，楽しかった。

これでいい！（ボクはそう思います）

ボクは，突然，意味のないことをしたりします。

たとえば，人差し指をほっぺにつけて，ニッコリ笑う。
意味はありません。
でも，これをすると笑いが起きます。

肩の力が抜ける人がいるかもしれません。
ストレスの発散になる人もいるかもしれません。
緊張が解けてリラックスする人もいるかもしれません。

そう考えれば，意味はあるのですが……。

でも，それは結果論であって，やはり意味はありません。

と，いろいろ言いましたが。

あまり深く考えない。
まず体を動かしてみる。
何か感じる。

これが最高の体操です。

　令和５年１月
　　　　　　　　　　　体操アーティスト　斎藤道雄

著者紹介
●斎藤道雄

体操講師，ムーヴメントクリエイター，体操アーティスト。
クオリティ・オブ・ライフ・ラボラトリー主宰。
自立から要介護シニアまでを対象とした体操支援のプロ・インストラクター。
体力，気力が低下しがちな要介護シニアにこそ，集団運動のプロ・インストラクターが必要と考え，運動の専門家を数多くの施設へ派遣。
「お年寄りのふだん見られない笑顔が見られて感動した」など，シニアご本人だけでなく，現場スタッフからも高い評価を得ている。

[お請けしている仕事]
○体操教師派遣（介護施設，幼稚園ほか）　○講演　○研修会　○人材育成　○執筆

[体操支援・おもな依頼先]
○養護老人ホーム長安寮
○有料老人ホーム敬老園（八千代台，東船橋，浜野）
○淑徳共生苑（特別養護老人ホーム，デイサービス）ほか

[講演・人材育成・おもな依頼先]
○世田谷区社会福祉事業団
○セントケア・ホールディングス（株）
○（株）オンアンドオン（リハビリ・デイたんぽぽ）ほか

[おもな著書]
○『しゃべらなくても楽しい！　シニアの筋力低下予防体操 40 ＋体操が楽しくなる！　魔法のテクニック 10』
○『しゃべらなくても楽しい！　シニアの笑顔で健康体操 40 ＋体操支援 10 のテクニック』
○『しゃべらなくても楽しい！　シニアの立っても座ってもできる運動不足解消健康体操 50』
○『しゃべらなくても楽しい！　シニアの若返り健康体操 50』
○『しゃべらなくても楽しい！　シニアの元気を引き出す健康体操 50』
○『超楽しい！　シニアの健康どうぶつ体操 50』
○『しゃべらなくても楽しい！　シニアの足腰を鍛える転倒予防体操 50』
○『しゃべらなくても楽しい！　シニアに超やさしい筋トレ・脳トレ・ストレッチ体操 50』
○『しゃべらなくても楽しい！　要介護のシニアも一緒にできる超やさしいケア体操 50』
○『しゃべらなくても楽しい！　シニアの運動不足解消＆ストレス発散体操 50』
○『しゃべらなくても楽しい！　シニアの超盛り上がるレク体操 50』
○『しゃべらなくても楽しい！　シニアの筋力アップ体操 50』（以上，黎明書房）

[お問い合わせ]
ホームページ「要介護高齢者のための体操講師派遣」：http://qollab.online/
メール：qollab.saitoh@gmail.com
＊イラスト・さややん。

しゃべらなくても楽しい！
椅子に座ってできるシニアの1，2分間筋トレ体操55

2023 年 4 月 10 日　初版発行

著　　者	斎　藤　道　雄	
発 行 者	武　馬　久 仁 裕	
印　　刷	藤 原 印 刷 株 式 会 社	
製　　本	協 栄 製 本 工 業 株 式 会 社	

発 行 所　　　　　　　　　株式会社　黎 明 書 房

〒460-0002　名古屋市中区丸の内 3-6-27　EBS ビル　☎ 052-962-3045
FAX 052-951-9065　振替・00880-1-59001
〒101-0047　東京連絡所・千代田区内神田 1-12-12　美土代ビル 6 階
☎ 03-3268-3470